MEMENTO

DU

JUGE-COMMISSAIRE

MARSEILLE

TYPOGRAPHIE ET LITHOGRAPHIE BARLATIER & BARTHELET

19, Rue Venture.

1891

Loi du 4 Mars 1889

SUR

LES LIQUIDATIONS JUDICIAIRES

ARTICLE PREMIER. — Tout commerçant qui cesse ses paiements peut obtenir, en se conformant aux dispositions suivantes, le bénéfice de la liquidation judiciaire, telle qu'elle est réglée par la présente loi.

Obtention de la liquidation judiciaire.

ART. 2. — La liquidation judiciaire ne peut être ordonnée que sur requête présentée par le débiteur au Tribunal de Commerce de son domicile, dans les quinze jours de la cessation de ses paiements.

Délai de présentation de la requête.

Le droit de demander cette liquidation appartient au débiteur assigné en déclaration de faillite pendant cette période.

Requête. La requête est accompagnée du bilan et d'une liste indiquant le nom et le domicile de tous les créanciers.

Héritiers. Délai. Peuvent être admis au bénéfice de la liquidation judiciaire de la succession de leur auteur, les héritiers qui en font la demande dans le mois du décès de ce dernier, décédé dans la quinzaine de la cessation de ses paiements, s'ils justifient de leur acceptation pure et simple ou bénéficiaire.

Requête. Société en nom collectif ou en commandite. Art. 3. — En cas de cessation de paiements d'une Société en nom collectif ou en commandite, la requête contient le nom et l'indication du domicile de chacun des associés solidaires, et elle est signée par celui ou ceux des associés ayant la signature sociale.

Requête. Société anonyme. En cas de cessation de paiements d'une Société anonyme, la requête est signée par le Directeur ou l'Administrateur qui en remplit les fonctions. Dans tous les cas, elle est déposée au greffe du Tribunal dans le ressort

Lieu de dépôt de la Requête. duquel se trouve le siège social. A défaut de siège social en France, le dépôt est effectué au greffe du Tribunal dans le ressort duquel, la Société a son principal établissement.

Jugement d'admission. Juges-Commissaires. Liquidateurs provisoires. Art. 4. — Le jugement qui statue sur une demande d'admission à la liquidation judiciaire est délibéré en Chambre du Conseil et rendu en audience publique. Le débiteur doit être entendu en personne, à moins d'excuses reconnues valables par le Tribunal. Si la requête est admise, le jugement nomme un des membres du Tribunal juge-commissaire et un ou plusieurs liquidateurs-provisoires. Ces derniers, qui sont immédiatement prévenus par le greffier, arrêtent et signent les livres du débiteur dans les vingt-quatre heures de leur nomination, et procèdent avec celui-ci à l'inventaire. Ils sont tenus, dans le même délai, de requérir les inscriptions d'hypothèques mentionnées en l'article 490 du code de commerce.

Dans le cas où une Société est déclarée en état de liquidation judiciaire, s'il a été nommé antérieurement un liquidateur, celui-ci représentera la Société dans les opérations de la liquidation judiciaire. Il rendra compte de sa gestion à la première réunion des créanciers. Toutefois, il pourra être nommé liquidateur provisoire.

Société. Liquidateur antérieur.

Le jugement qui déclare ouverte la liquidation judiciaire est publié conformément à l'article 442 du code de commerce. Il n'est susceptible d'aucun recours, et ne peut être attaqué par voie de tierce-opposition. Cependant, si le Tribunal est saisi en même temps d'une requête en admission au bénéfice de la liquidation judiciaire et d'une assignation en déclaration de faillite, il statue sur le tout par

Publication du jugement. Recours.

un seul et même jugement, rendu dans la forme ordinaire, exécutoire par provision, et susceptible d'appel dans tous les cas.

Obligation d'intenter toute action contre le débiteur et le liquidateur.

ART 5. — A partir du jugement qui déclare ouverte la liquidation judiciaire, les actions mobilières ou immobilières et toutes voies d'exécution tant sur les meubles que sur les immeubles, sont suspendues comme en matière de faillite ; celles qui subsistent, doivent être intentées ou suivies contre les liquidateurs et le débiteur.

Inscription.

Il ne peut être pris sur les biens de ce dernier d'autres inscriptions que celles mentionnées en l'article 4, et les créanciers ne peuvent poursuivre l'expropriation des immeubles sur lesquels ils n'ont pas d'hypothèque.

Débiteur. Obligations. Dettes.

De son côté, le débiteur ne peut contracter aucune nouvelle dette ni aliéner tout ou partie de son actif, sauf dans les cas qui sont énumérés ci-après.

Loi du 4 avril 1890, modifiant l'art. 5, (article unique.)

Le paragraphe premier de l'art. 5 de la Loi du 4 mars 1889, est modifié de la façon suivante :

« A partir du Jugement qui déclare ou-

« verte la liquidation judiciaire, les actions
« mobilières ou immobilières et toutes voies
« d'exécution tant sur les meubles que sur
« les immeubles sont suspendues comme en
« matière de faillite. Celles qui subsistent
« doivent être intentées ou suivies à la fois
« contre les liquidateurs et le débiteur. »

ART. 6.— Le débiteur peut, avec l'assistance des liquidateurs, procéder au recouvrement des effets et créances exigibles, faire tous actes conservatoires, vendre les objets sujets à dépérissement ou à dépréciation imminente ou dispendieux à conserver et intenter ou suivre toute action mobilière ou immobilière.

Actions. Actes conservatoires. Recouvrements.

Au refus du débiteur, il pourra être procédé par les liquidateurs seuls, avec l'autorition du juge-commissaire. Toutefois, s'il s'agit d'une action à intenter, cette autorisation ne sera pas demandée, mais les liquidateurs devront mettre le débiteur en cause.

Refus d'intenter du débiteur.

Le débiteur peut aussi, avec l'assistance des liquidateurs et l'autorisation du juge-commissaire continuer l'exploitation de son commerce ou de son industrie.

Continuation de l'exploitation du fonds.

L'ordonnance du juge-commissaire qui autorise la continuation de l'exploitation est exécutoire par provision et peut être déférée

Ordonnance.

par toute partie intéressée, au Tribunal de commerce.

Dépôt du produit de l'exploitation. Les fonds provenant des recouvrements et ventes sont remis aux liquidateurs qui les versent à la Caisse des Dépôts et Consignations.

Désistement Acquiescement. Renonciation. ART. 7. — Le débiteur peut, après l'avis des contrôleurs qui auraient été désignés conformément à l'article 9, avec l'assistance des liquidateurs et l'autorisation du Juge-commissaire, accomplir tous les actes de désistement, de renonciation ou d'acquiescement.

Valeur n'excédant pas 1500 francs. Il peut, sous les mêmes conditions, transiger sur tout litige dont la valeur n'excède pas 1,500 francs.

Valeur excédant 1500 francs. Immeubles. Si l'objet de la transaction est d'une valeur indéterminée ou excédant 1500 francs, la transaction n'est obligatoire qu'après avoir été homologuée dans les termes de l'article 487 du Code de commerce.

Créanciers. L'article 1er de la loi du 11 avril 1838 sur les Tribunaux civils de première instance est applicable à la détermination de la valeur des immeubles sur lesquels a porté la transaction. Tout créancier peut intervenir sur la demande en homologation de la transaction.

ART. 8. — Le jugement qui déclare ouverte la liquidation judiciaire rend exigibles, à l'égard du débiteur, les dettes passives non échues ; il arrête, à l'égard de la masse seulement, le cours des intérêts de toute créance non garantie par un privilége, par un nantissement ou par une hypothèque.

Exigibilité des dettes non échues.

Les intérêts des créances garanties ne peuvent être réclamés que sur les sommes provenant des biens affectés au privilége, à l'hypothèque ou au nantissement.

Intérêt des créances garanties.

ART. 9. — Dans les trois jours du jugement, le greffier informe les créanciers, par lettres et par insertions dans les journaux, de l'ouverture de la liquidation judiciaire et les convoque à se réunir, dans un délai qui ne peut excéder quinze jours, dans une des salles du Tribunal, pour examiner la situation du débiteur. Le jour de la réunion est fixé par le Juge-Commissaire.

Convocation des créanciers par le greffier Délais.

Au jour indiqué, le débiteur, assisté des liquidateurs provisoires, présente un état de situation qu'il signe et certifie sincère et véritable, et qui contient l'énumération et l'évaluation de tous ses biens mobiliers et immobiliers, le montant des dettes actives et passives, le tableau des profits et pertes et celui des dépenses.

Ltat de situation.

Contrôleurs. Les créanciers donnent leur avis sur la nomination des liquidateurs définitifs. Ils sont consultés par le Juge-Commissaire sur l'utilité d'élire immédiatement parmi eux un ou deux contrôleurs.

Ces contrôleurs peuvent être élus à toute période de la liquidation, s'ils ne l'ont été dans cette première assemblée.

Procès-verbal. Il est dressé de cette réunion et des dires et observations des créanciers un procès-verbal portant fixation par le Juge-Commissaire, dans un délai de quinzaine, de la date de la première assemblée de vérification des créances.

Liquidateurs définitifs. Ce procès-verbal est signé par le Juge-Commissaire et le greffier. Sur le vu de cette pièce et le rapport du Juge-Commissaire, le Tribunal nomme les liquidateurs définitifs.

Fonctions de contrôleurs. ART. 10. — Les contrôleurs sont spécialement chargés de vérifier les livres et l'état de situation présenté par le débiteur et de surveiller les opérations des liquidateurs ; ils ont toujours le droit de demander compte de l'état de la liquidation judiciaire, des recettes effectuées et des versements faits.

Les liquidateurs sont tenus de prendre leur avis sur les actions à intenter ou à suivre.

Les fonctions des contrôleurs sont gratuites. Il ne peuvent être révoqués que par le Tribunal de Commerce, sur l'avis conforme de la majorité des créanciers et la proposition du Juge-Commissaire. Ils ne peuvent être déclarés responsables qu'en cas de faute lourde et personnelle.

Gratuité. Révocation. Responsabilité.

Les liquidateurs peuvent recevoir, quelle que soit leur qualité, une indemnité qui est taxée par le Juge-Commissaire.

Liquidateurs. Indemnité.

ART. 11.— A partir du jugement d'ouverture de la liquidation judiciaire, les créanciers pourront remettre leurs titres, soit au greffe, soit entre les mains des liquidateurs. En faisant cette remise, chaque créancier sera tenu d'y joindre un bordereau énonçant ses nom, prénoms, profession et domicile, le montant et les causes de sa créance, les privilèges, hypothèques ou gages qui y sont affectés.

Remise des titres par les créanciers.

Cette remise n'est astreinte à aucune forme spéciale.

Le greffier tient état des titres et bordereaux qui lui sont remis et en donne récépissé. Il n'est responsable des titres que pendant cinq années à partir du jour de l'ouverture du procès-verbal de vérification.

Prescription de la Responsabilité du greffier.

Les liquidateurs sont responsables des titres, livres et papiers qui leur ont été remis pendant dix ans à partir du jour de la reddition de leurs comptes.

Prescription de la responsabilité des liquidateurs.

Assemblée de vérification. Délai de remise des pièces.

ART. 12. — Après la réunion dont il est parlé en l'article 9, ou le lendemain au plus tard, les créanciers sont convoqués en la forme prévue par le même article pour la première assemblée de vérification. Les lettres de convocation et les insertions dans les journaux portent que ceux d'entre eux qui n'auraient pas fait à ce moment la remise des titres et bordereaux mentionnés en l'article 11, doivent faire cette remise de la manière indiquée au dit article, dans le délai fixé pour la réunion de l'Assemblée de vérification. Ce délai peut être augmenté, par ordonnance du Juge-Commissaire, à l'égard des créanciers domiciliés hors du territoire continental de la France.

Vérifications et affirmations.

La vérification et l'affirmation des créances ont lieu dans la même réunion et dans les formes prescrites par le code de commerce, en tout ce qui n'est pas contraire à la présente loi.

Convocation des créanciers qui n'ont pas produit.

ART. 13. — Le lendemain des opérations de la première assemblée de vérification, il est adressé, en la forme prescrite en l'article 9, une convocation à tous les créanciers, invitant ceux qui n'ont pas produit à faire leur production.

Les créanciers sont prévenus que l'assemblée de vérification à laquelle ils sont convoqués sera la dernière. Cette assemblée a lieu quinze jours après la première.

Si des lettres de change ou des billets à ordre souscrits ou endossés par le débiteur et non échus au moment de cette dernière assemblée sont en circulation, les liquidateurs pourront obtenir, du Juge-Commissaire, la convocation d'une nouvelle assemblée de vérification. **Effets de commerce.**

ART 14. — Le lendemain de la dernière assemblée, dans laquelle le Juge-Commissaire prononce la clôture de la vérification, tous les créanciers vérifiés ou admis par provision, sont invités, en la forme prescrite par l'article 9, à se réunir pour entendre les propositions de concordat du débiteur et en délibérer. **Concordat. Réunion. Délai.**

Cette réunion a lieu quinze jours après la dernière assemblée de vérification.

Toutefois, en cas de contestation sur l'admission d'une ou plusieurs créances, le Tribunal de commerce peut augmenter ce délai sans qu'il soit dérogé pour le surplus aux dispositions des articles 499 et 500 du code de commerce. **Contestation.**

ART. 15. — Le traité entre les créanciers et le débiteur ne peut s'établir que s'il est consenti par la majorité de tous les créanciers vérifiés et affirmés ou admis par provision, **Majorité requise pour la validité du Traité.**

représentant en outre les deux tiers de la totalité des créances vérifiées et affirmées ou admises par provision. Le tout à peine de nullité.

Fin de la liquidation judiciaire. Concordat. Liquidateurs. Si le concordat est homologué, le Tribunal déclare la liquidation judiciaire terminée. Lorsque le concordat contient abandon d'un actif à réaliser, les créanciers sont consultés sur le maintien ou le remplacement des liquidateurs et des contrôleurs. Le Tribunal statue sur le maintien ou le remplacement des liquidateurs. Les opérations de réalisation et de répartition de l'actif abandonné se suivent conformément aux dispositions de l'article 541 du code de commerce.

Etat des frais des liquidateurs. Opposition. Dans la dernière assemblée, les liquidateurs donnent connaissance de l'état de leurs frais et indemnités, taxés par le Juge-Commissaire. Cet état est déposé au greffe. Le débiteur et les créanciers peuvent former opposition à la taxe dans la huitaine. Il est statué par le Tribunal en Chambre de Conseil.

Dans tous les cas où il y a lieu à reddition de compte par les liquidateurs, la disposition du paragraphe précédent est applicable.

Nullité des traités et concordats. ART. 16. — Sont nuls et sans effets, tant à l'égard des parties intéressées, qu'à l'égard des tiers, tous traités ou concordats qui, après l'ouverture de la liquidation judiciaire, n'auraient pas été souscrits dans les formes cidessus prescrites.

ART. 17. — Les prescriptions du décret du
18 juin 1880, contenant le tarif des droits et
émoluments que les grefliers des Tribunaux
de Commerce sont autorisés à percevoir, sont
applicables au cas de liquidation judiciaire,
comme au cas de faillite.

Émoluments des greffiers.

ART. 18. — La notification à faire, s'il y a
lieu, au propriétaire, dans les termes de l'article 150 du code de commerce, est faite par le
débiteur et les liquidateurs avec l'autorisation
du Juge-Commissaire, les contrôleurs entendus Ils ont, pour cette notification, un délai
de huit jours à partir de la première assemblée de vérification.

Délais et formalités de notification au propriétaire.

ART. 19. — La faillite d'un commerçant
admis au bénéfice de la liquidation judiciaire
peut être déclarée par jugement du Tribunal
de commerce, soit d'office, soit sur la poursuite des créanciers :

Conversion de la liquidation en faillite.

1° S'il est reconnu que la requête à fin de
liquidation judiciaire n'a pas été présentée
dans les quinze jours de la cessation des
paiements ;

2° Si le débiteur n'obtient pas de concordat.

Dans ce cas, si la faillite n'est pas déclarée, la liquidation judiciaire continue jusqu'à la réalisation et la répartition de l'actif, qui se feront conformément aux dispositions du deuxième alinéa de l'article 15, de la présente loi.

(Si la faillite est déclarée, il est procédé conformément aux articles 529 et suivants du code de commerce).

Cas entraînant la faillite.

Le Tribunal déclare la faillite à toute période de la liquidation judiciaire :

1° Si, depuis la cessation de paiements ou dans les dix jours précédents, le débiteur a consenti l'un des actes mentionnés dans les articles 446, 447, 448 et 449 du code de commerce, mais dans le cas seulement où la nullité aura été prononcée par les Tribunaux compétents, ou reconnue par les parties ;

2° Si le débiteur a dissimulé ou exagéré l'actif ou le passif, omis sciemment le nom d'un ou de plusieurs créanciers, ou commis une fraude quelconque, le tout sans préjudice des poursuites du ministère public ;

3° Dans les cas d'annulation ou de résolution du concordat ;

4° Si le débiteur, en état de liquidation judiciaire, a été condamné pour banqueroute simple ou frauduleuse.

Les opérations de la faillite sont suivies sur

les derniers errements de la procédure de la liquidation.

ART. 20. — L'article 11 et les dispositions des paragraphes : 1er, 3e et 4e de l'article 15, de la présente loi, sont applicables à l'état de faillite.

Sont également applicables à l'état de faillite les dispositions de la présente loi concernant l'institution des contrôleurs.

ART. 21. — A partir du jugement d'ouverture de la liquidation judiciaire, le débiteur ne peut être nommé à aucune fonction élective ; s'il exerce une fonction de cette nature, il est réputé démissionnaire.

Inéligibilité du débiteur.

ART. 22. — L'article 549 du code de commerce est modifié ainsi qu'il suit :

« Article 549. — Le salaire acquis aux ouvriers, directement employés par le débiteur, pendant les trois mois qui ont précédé l'ouverture de la liquidation judiciaire ou la faillite, est admis au nombre des créances privilégiées au même rang que le privilège établi par l'article 2101 du code civil pour le salaire des gens de service.

Privilège des ouvriers.

« Les salaires dus aux commis pour les six mois qui précèdent le jugement déclaratif sont admis au même rang. »

Privilège des commis.

ART. 23. — Le 1ᵉʳ paragraphe de l'article 438 du code de commerce et le n° 4 de l'énumération faite par l'article 586, sont modifiés comme il suit :

Modification des art. 438 et 586 du code de commerce.

« Article 438, § 1ᵉʳ. — Tout failli sera tenu, dans les quinze jours de la cessation de ses paiements, d'en faire la déclaration au greffe du Tribunal de commerce de son domicile. Le jour de la cessation de paiements sera compris dans les quinze jours. »

Délai de déclaration de cessation de paiements.

« Article 586, 4°. — Si dans les quinze jours de la cessation de ses paiements, il n'a pas fait au greffe la déclaration exigée par les articles 438 et 439, ou si cette déclaration ne contient pas les noms de tous les associés solidaires. »

Pénalités.

ART. 24. — Toutes les dispositions du code de commerce qui ne sont pas modifiées par la présente loi continueront à recevoir leur application, en cas de liquidation judiciaire comme en cas de faillite.

Application du Code de Commerce à la liquidation judiciaire.

DISPOSITIONS TRANSITOIRES

ART. 25. — Le commerçant en état de cessation de paiements dont la faillite n'aura pas été déclarée, ou dont le jugement déclaratif de faillite ne sera pas devenu définitif à la date de la promulgation de la présente loi, pourra

Conversion de la faillite non définitive en liquidation judiciaire. Délai.

obtenir le bénéfice de la liquidation judiciaire.

Cette faculté s'exercera devant la juridiction saisie. La requête devra, dans tous les cas, être présentée dans la quinzaine de la promulgation.

Les faillites déclarées antérieurement à cette promulgation continueront à être régies par les dispositions du code de commerce ; sont toutefois applicables à ces faillites, les dispositions de la présente loi concernant l'institution des contrôleurs.

Contrôleurs. Faillites antérieures à la promulgation de la loi.

Le jugement qui homologuera le concordat obtenu par le débiteur dont la faillite aura été déclarée antérieurement à la promulgation de la présente loi, ou qui déclarera celui-ci excusable, pourra décider que le failli ne sera soumis qu'aux incapacités édictées par l'article 21, contre les débiteurs admis à la liquidation judiciaire.

Atténuation des incapacités. Faillis antérieurs.

Cette disposition sera applicable à tout ancien failli qui aura obtenu son concordat ou qui aura été déclaré excusable. Il devra saisir par requête le Tribunal de commerce qui a déclaré sa faillite et produire son casier judiciaire.

Requête.

Cette requête sera affichée pendant *quinze jours* dans l'auditoire. Le Tribunal statuera en Chambre du Conseil. La décision n'est susceptible d'aucun recours.

Listes électorales. L'inscription sur les listes électorales pourra être faite à la suite de ces formalités, jusqu'au 31 mars, date de la clôture des listes.

Colonies. ART. 26. — La présente loi est applicable aux colonies de la Guadeloupe, de la Martinique et de la Réunion.

Fait à Paris, le 4 Mars, 1889.

CARNOT,

Par le Président de la République.

Le Président du Conseil,
Ministre du Commerce et de l'Industrie,

TIRARD.

Le garde des Sceaux,
Ministre de la Justice et des Cultes,

THÉVENET.

MEMENTO

DU JUGE-COMMISSAIRE

En matière de Liquidation Judiciaire
et de Faillite.

———

I. — *Assemblée des créanciers convoqués pour donner leur avis sur la nomination du liquidateur définitif, en conformité de l'art. 9 de la loi du 4 mars 1889.*

Le juge-commissaire revêtu de son costume, assisté du greffier, également en costume, et en présence du débiteur assisté du liquidateur provisoire, annonce l'ouverture de la séance et invite le liquidateur à présenter l'état de situation du liquidé.

Nomination de liquidateur définitif.

Puis, s'adressant aux créanciers, il ajoute :

« Messieurs, vous êtes convoqués en exé-
« cution de l'art. 9 de la Loi du 4 mars 1889,
« pour examiner la situation de votre débi-
« teur qui vient de vous être présentée, et
« donner votre avis sur la nomination du
« liquidateur définitif. Je vous invite, en

« conséquence, à faire vos observations à cet
« égard.

« Aux termes du même article, je dois
« aussi vous consulter sur l'utilité d'élire
« immédiatement parmi vous un ou deux
« contrôleurs.

« Je vous fais observer toutefois que cette
« nomination n'est nullement obligatoire,
« qu'elle vous est, au contraire, purement
« facultative et que ces contrôleurs peuvent
« être élus à toute période de la liquidation
« s'ils ne l'ont pas été dans cette première
« assemblée.

« Les fonctions de contrôleurs sont pure-
« ment gratuites. »

Si les créanciers demandent en quoi consis-
tent les fonctions des contrôleurs et quelle est
la charge qui leur incombe, le juge-commissaire répond :

« Les contrôleurs sont spécialement char-
« gés de vérifier les livres et l'état de situa-
« tion présenté par le débiteur et de surveiller
« les opérations des liquidateurs ; ils ont tou-
« jours le droit de demander compte de l'état
« de la liquidation judiciaire, des recettes
« effectuées et des versements faits.

« Les liquidateurs sont tenus de prendre
« leur avis sur les actions à intenter ou à
« suivre.

« Les fonctions de contrôleurs sont gra-

« tuites. Ils ne peuvent être révoqués que par
« le Tribunal de Commerce, sur l'avis con-
« forme de la majorité des créanciers et la
« proposition du juge-commissaire. Ils ne
« peuvent être déclarés responsables qu'en
« cas de faute lourde et personnelle. »

II. — *Assemblée des créanciers présumés,
convoqués pour le syndicat définitif en exécution de l'art. 462 du code de commerce.*

Syndicat
définitif.
Faillite.

Le juge-commissaire revêtu de son costume
assisté du greffier, également en costume,
annonce l'ouverture de la séance, et invite le
syndic à donner lecture aux créanciers pré-
sents, du bilan ou de l'état des créanciers
présumés.

Cette lecture terminée, il ajoute :

« Messieurs, je vous ai fait convoquer en
« exécution de l'art. 462 du code de commerce,
« pour vous consulter tant sur la composition
« de l'état des créanciers présumés dont on
« vient de vous donner connaissance, que sur
« le maintien ou le remplacement comme syn-
« dic définitif de M. ..... nommé syndic
« provisoire par le jugement déclaratif de la
« faillite. Je vous invite en conséquence à faire
« vos observations à cet égard.

« Par application du § 2 art. 20 et aux ter-
« mes de l'art. 9 de la loi du 4 mars 1889, je
« dois vous consulter sur l'utilité d'élire immé-
« diatement parmi vous un ou deux contrô-
« leurs.

« Je vous fais observer toutefois que cette
« nomination n'est nullement obligatoire,
« qu'elle vous est au contraire purement
« facultative, et que ces contrôleurs peuvent
« être élus à toute période de la liquidation,
« s'ils ne l'ont pas été dans cette première
« assemblée.

« Les fonctions des contrôleurs sont pure-
« ment gratuites. »

Si les créanciers demandent en quoi consis-
tent les fonctions des contrôleurs et quelle est
la charge qui leur incombe, le juge-commissaire répond comme au titre précédent, page 19
in fine.

Vérifications et affirmations. III. — *Vérifications et affirmations de créances.*

A l'assemblée des créanciers convoqués en
conformité de l'art. 493 du code de commerce,
lorsqu'il s'agit d'une faillite, et de l'art. 12,
loi du 4 mars 1889, lorsqu'il s'agit d'une liquidation judiciaire, le juge-commissaire, assisté
du greffier et en présence du syndic ou liquidateur déclare la séance ouverte, et, s'adressant aux créanciers, leur dit :

« Messieurs, je vous ai fait convoquer
« conformément à la loi, tant par lettres indi-
« viduelles, que par insertions dans les jour-
« naux, pour être procédé aujourd'hui à la
« vérification et affirmation des créances. »

« Monsieur le syndic ou liquidateur veuillez
« faire l'appel nominal »

Chaque créancier ou son mandataire se
présente individuellement. Le syndic ou liquidateur fait connaître la somme pour laquelle
le créancier demande son admission au passif
de la faillite.

Si la créance n'est pas contestée, le juge-
commissaire invite le créancier ou son mandataire dûment constitué, à en affirmer la
sincérité. Le créancier ou son mandataire,
doit lever la main droite et dire : « Je l'af-
firme. »

Si au contraire la créance est contestée, soit
par le *syndic ou liquidateur*, soit par un ou
plusieurs créanciers, le juge-commissaire
renvoie les parties à la plus prochaine audience
du Tribunal pour être statué sur la contestation et invite le créancier ou son mandataire
à signer le procès-verbal de renvoi.

Toutes les séances d'affirmation sont les
mêmes.

IV. — *Délibération sur le Concordat.*

Le juge-commissaire, assisté du greffier et en présence du *syndic ou liquidateur*, annonce l'ouverture de la séance, puis il ajoute :

« Messieurs, conformément à la loi, je vous
« ai fait convoquer par lettres et insertions
« dans les journaux, à l'effet de délibérer sur
« la formation d'un Concordat avec le sieur...
« ici présent. »

« La parole est à M. le *Syndic ou liquida-*
« *teur* pour vous donner lecture de son
« rapport sur les opérations de la *faillite ou*
« *liquidation.* »

Cette lecture terminée, et après avoir demandé aux créanciers s'ils ont quelques observations à faire sur ce rapport, le juge-commissaire invite le greffier à donner lecture des propositions du failli ou liquidé, à ses créanciers.

Puis il ajoute :

« Messieurs, avant qu'il soit procédé à la
« discussion du concordat, je vais vous donner
« lecture des articles 593 et 597 du code de
« Commerce ainsi conçus :

« Seront condamnés aux peines de la banqueroute frauduleuse :

« Article 593. Les individus convaincus

« d'avoir frauduleusement présenté dans la
« faillite et affirmé, soit en leur nom, soit par
« interposition de personnes, des créances
« supposées.

« Article 597. Le créancier qui aura stipulé
« soit avec le failli, soit avec toutes autres
« personnes, des avantages particuliers à
« raison de son vote dans les délibérations de
« la faillite, ou qui aura fait un traité parti-
« culier duquel résulterait en sa faveur un
« avantage à la charge de l'actif du failli, sera
« puni correctionnellement d'un emprisonne-
« ment qui ne pourra excéder une année et
« d'une amende qui ne pourra être au-dessus
« de deux mille francs.

« Messieurs, ainsi que vous venez de
« l'entendre le *failli ou liquidé* vous demande
« de lui faire remise de....... p. 0/0 et vous
« offre de vous payer les... p. 0/0 non remis
« de la manière suivante :

....

« Il va être fait appel nominal des créanciers
« vérifiés et affirmés.

« Vous devrez répondre à l'appel de vos
« noms par *oui* ou par *non,* si vous acceptez,
« ou si vous refusez les propositions qui
« viennent de vous être faites. »

Le greffier fait l'appel nominal des créanciers vérifiés et affirmés. Le juge-commissaire
invite les créanciers, qui à l'appel de leur nom
répondent *oui,* à signer sur la feuille contenant
les propositions du *failli ou liquidé.*

L'appel des créanciers vérifiés et affirmés terminé, il est immédiatement procédé au dépouillement des votes.

PREMIÈRE HYPOTHÈSE

Si ce dépouillement accuse les deux majorités voulues par la loi, c'est-à-dire la majorité en nombre, et les deux tiers en somme, le juge-commissaire proclame l'adoption du Concordat de la manière suivante :

Proclamation du Concordat. « Messieurs, le dépouillement du vote « établissant que le projet de Concordat réunit « les deux majorités voulues par la loi, c'est- « à-dire la majorité en nombre et les deux « tiers, en somme, nous proclamons son adop- « tion, sauf son homologation par le Tribu- « nal. »

DEUXIÈME HYPOTHÈSE

Si le dépouillement n'accuse qu'une des deux majorités prescrites par la loi, soit seulement la majorité en nombre, ou celle en somme, le juge-commissaire s'exprime en ces termes :

Renvoi à huitaine. « Messieurs, le dépouillement du vote éta- « blissant que le projet de Concordat ne « réunit qu'une des deux majorités pres- « crites par la loi, nous ajournons la

« délibération à huitaine pour tout délai, en
« conformité de l'article 509 du Code de
« Commerce. »

TROISIÈME HYPOTHÈSE

Si, enfin, le dépouillement n'accuse aucune   Etat d'union.
des deux majorités voulues par la loi, le
juge-commissaire s'exprime comme suit :

« Messieurs, le dépouillement des votes
« établissant que le projet de Concordat ne
« réunit aucune des deux majorités voulues
« par la loi, nous déclarons les créanciers en
« état d'union conformément aux dispositions
« de l'article 529 du Code de Commerce.

« Veuillez faire vos observations, tant sur
« les faits de la gestion syndicale, que sur
« l'utilité du maintien, ou du remplacement
« du syndic.

« Je vous invite à décider s'il sera accordé
« un secours au failli ou liquidé sur l'actif
« de la faillite ou liquidation conformément à
« l'article 530 du Code de Commerce. — Il va, à
« cet effet, être fait un appel nominal ; veuillez
« répondre par *oui* ou par *non* si vous
« consentez ou refusez le secours. »

V. — *Assemblée des créanciers après ajour-*   Deuxième
nement à huitaine.   séance
  de concordat.

Après avoir déclaré la séance ouverte, le
juge-commissaire dit aux créanciers :

« Messieurs, à la séance précédente, le
« projet de Concordat n'ayant pas réuni les
« deux majorités voulues par la loi, vous avez
« été convoqués, pour aujourd'hui, à l'effet
« d'entendre de nouveau les propositions du
« *failli ou liquidé* et délibérer sur la formation
« du Concordat.

« Vous n'êtes nullement engagés par les
« votes que vous avez émis lors de l'assemblée
« précédente. »

Il est ensuite procédé de la même manière
que pour la première séance.

Si le Concordat est consenti seulement par
la majorité en nombre ou en somme, les
créanciers sont déclarés en état d'union.

Concordat par abandon d'actif. NOTA : En cas de Concordat par abandon
total ou partiel de l'actif du *failli ou liquidé*
(art. 541, C. C.), le juge-commissaire, après
avoir proclamé l'adoption de ce concordat,
devra consulter les créanciers sur le *maintien
ou le remplacement du syndic ou liquidateur*
et les inviter à faire *leurs observations, s'ils
en ont à présenter sur la gestion syndicale.*

Sursis au concordat (art 510 du code de commerce). VI.— *Délibération sur le sursis au Concordat ou la constitution, en cas d'instruc-
tion en banqueroute frauduleuse, contre le
failli.* (ART. 510 DU CODE DE COMMERCE.)

Le juge-commissaire annonce l'ouverture
de la séance et dit :

« Messieurs, une instruction en banqueroute
« frauduleuse ayant commencé contre votre
« débiteur, je vous ai fait convoquer, confor-
« mément à l'article 510 du Code de Com-
« merce, pour que vous décidiez si vous vous
« réservez de délibérer sur un Concordat en
« cas d'acquittement, et si en conséquence
« vous entendez surseoir à statuer jusqu'après
« l'issue des poursuites.

« La parole est à M. le Syndic pour vous
« donner lecture de son rapport sur la situa-
« tion de la faillite, vous faire connaître l'actif
« et le passif, et vous mettre à même de
« décider s'il y a lieu d'accorder le sursis
« dans l'intérêt de la masse. »

Après la lecture du rapport, le juge-
commissaire ajoute :

« Le sursis ne pouvant être prononcé qu'à
« la majorité en nombre et en somme déter-
« minée par l'article 507, le greffier va pro-
« céder à l'appel nominal, auquel vous
« répondrez par *oui*, si vous vous prononcez
« en faveur du sursis, et par *non*, si vous
« vous prononcez contre le sursis.

« Nous vous prévenons que par le refus de
« sursis, vous serez de plein droit déclarés en
« état d'union. »

L'appel terminé, il est procédé au dépouillement des votes, que le juge-commissaire fait
connaître aux créanciers comme suit :

1ʳᵉ HYPOTHÈSE — *Sursis accordé.* — « La
« majorité de MM. les créanciers en nombre
« et en somme s'étant prononcée en faveur
« du sursis, il a été décidé que la délibération
« était ajournée jusqu'après l'issue des pour-
« suites. »

2ᵉ HYPOTHÈSE. — *Dans le cas de l'une des
deux majorités, seulement en faveur du
sursis.*

« Le dépouillement des votes établissant,
« qu'une des deux majorités seulement s'est
« prononcée en faveur du sursis, nous avons
« ajourné la séance à huitaine, pour tout
« délai. »

3ᵉ HYPOTHÈSE. — *Dans le cas ou aucune
des deux majorités ne s'est prononcée en
faveur du sursis.*

« Le dépouillement des votes, établissant
« qu'aucune des deux majorités voulues par la
« loi, pour accorder le sursis, n'est atteinte ;
« nous déclarons les créanciers de plein droit
« en état d'union conformément à l'art. 529
« du Code de Commerce.

« Messieurs les créanciers, si vous n'avez
« pas d'objections à faire sur la gestion
« syndicale, ou sur l'utilité du maintien ou du
« remplacement du syndic, il sera continué
« dans ses fonctions.

« Je vous invite à donner votre avis sur le
« point de savoir si un secours pourra être

« accordé au failli sur l'actif de la faillite,
» conformément à l'art. 530 du Code de Com-
« merce. »

VII. — *Délibération sur le sursis au Concordat à raison de poursuites en banqueroute
simple. (Art. 511 C. C).*

Sursis
au concordat
(art 511 du Code
de Commerce).

Dans le cas de poursuites en banqueroute
simple, il y aura lieu de procéder de la même
manière que ci-dessus ; mais le sursis est
purement facultatif, son refus n'entraîne pas
l'union de plein droit, il a pour conséquence,
de faire procéder séance tenante au Concordat. Le juge-commissaire, après avoir prononcé l'ouverture de la séance s'exprime en
ces termes :

« Messieurs, je vous ai fait convoquer pour
« vous faire connaître que des poursuites en
« banqueroute simple, sont commencées con-
« tre le sieur ...., votre débiteur
« failli, et vous inviter à décider, si vous
« désirez surseoir à délibérer sur le Concor-
« dat jusqu'après l'issue des dites poursuites,
« ou bien si vous désirez qu'il soit immédia-
« tement procédé à cette délibération.

« M. le Syndic a la parole pour vous don-
« ner lecture de son rapport sur la situation
« de la faillite. »

Après la lecture de ce rapport, le juge-
commissaire ajoute :

« Le sursis ne pouvant être prononcé qu'à
« la majorité en nombre et en somme déter-
« minée par l'art. 507 du Code de Commerce,
« le greffier va procéder à l'appel nominal,
« auquel vous répondrez par *oui* ou par *non*,
« suivant votre avis. »

L'appel nominal terminé, il est procédé au
dépouillement des votes, que le juge-commissaire fait connaître aux créanciers comme
suit :

1ʳᵉ Hypothèse. — *Sursis accordé.*
(Comme il est dit ci-dessus, titre VI,
p. 29, 1ʳᵉ hypothèse).

2ᵉ Hypothèse. — *Dans le cas de l'une des
deux majorités seulement en faveur du sursis.*
(Voir titre VI, p. 29, 2ᵉ hypothèse).

3ᵉ Hypothèse. — *Dans le cas où aucune des
deux majorités ne s'est prononcée en faveur
du sursis.*

« Le dépouillement des votes établissant
« que les majorités exigées pour l'obtention
« du sursis ne sont pas atteintes, nous ordon-
« nons qu'il sera délibéré immédiatement sur
« le projet de Concordat.

« M. le Greffier a la parole pour donner
« lecture des propositions du failli à ses
« créanciers. »

(La suite comme au titre IV, concordat,
page 24).

Dans le cas ou le failli ne se présente pas, il est procédé quand même à la délibération, sur le sursis au concordat. Si les deux majorités voulues par la loi se prononcent en faveur du sursis, le juge-commissaire le fait connaître aux créanciers, comme ci-dessus (titre VI, 1ʳᵉ hypothèse, p. 29).

Si une des deux majorités seulement est acquise au sursis, il renvoie la séance à huitaine, pour tout délai ; et si enfin, aucune des deux majorités ne se prononce en faveur du sursis, le juge-commissaire s'exprime alors ainsi :

« Le dépouillement des votes établissant
« qu'aucune des deux majorités voulues par
« la loi ne s'est prononcée en faveur du sur-
« sis et, attendu que le failli ne se présente
« pas, ni personne pour lui, pour faire à ses
« créanciers des propositions dans le but d'ar-
« river à la formation du Concordat, nous
« déclarons les créanciers en état d'union con-
« formément à l'art. 529 du Code de Com-
« merce. »

(Pour la suite, comme au titre IV, Concordat, 3ᵉ hypothèse, p. 25, consultation des créanciers sur le maintien du syndic et sur le secours).

VIII. — *Assemblée pour la constitution de l'union après condamnation du failli, comme banqueroutier frauduleux.*

A l'assemblée des créanciers convoqués, pour la constitution de l'union, lorsque le failli a été condamné comme banqueroutier frauduleux, le juge-commissaire assisté du greffier, en présence du syndic et le failli dûment appelé, après avoir déclaré la séance ouverte, donne la parole au syndic pour la lecture de son rapport, puis s'adressant aux créanciers, il leur dit :

« Messieurs, le § 1er, de l'art. 510, du Code « de Commerce, est ainsi conçu :

« Si le failli a été condamné, comme ban- « queroutier frauduleux, le Concordat ne « pourra être formé.

« En conséquence, votre débiteur ayant été « condamné pour banqueroute frauduleuse, « il n'y a pas lieu de délibérer sur un concor- « dat ; nous vous déclarons de plein droit en « état d'union. » (La suite, comme il a été dit précédemment, pour le maintien ou le remplacement du syndic et le secours à accorder au failli, p. 26, titre IV, 3e hypothèse).

Ces sortes de séances, ne peuvent avoir lieu qu'en matière de faillite, car, si le cas était applicable à la liquidation judiciaire, il y aurait lieu à conversion de la liquidation en faillite.

IX. — *Assemblée pour la reddition de comptes annuelle, après union (Art. 536). Maintien ou remplacement du syndic ou liquidateur.*

Aux termes de l'art. 536 du Code de Commerce, les créanciers en état d'union, doivent être convoqués au moins une fois dans la première année, et, s'il y a lieu, dans les années suivantes.

A cette assemblée, le juge-commissaire assisté du greffier, en présence du *syndic ou liquidateur* et du *failli ou liquidé*, après avoir déclaré la séance ouverte, s'adressant aux créanciers, leur dit :

« Messieurs, je vous ai fait convoquer con-
« formément à l'art. 536 du Code de Com-
« merce ; le syndic ou liquidateur, va vous
« rendre compte de sa gestion, jusqu'à ce jour,
« et de l'état de la *liquidation judiciaire ou*
« *faillite* ; si vous avez des observations à
« faire, vous voudrez bien les présenter immé-
« diatement et donner votre avis sur le main-
« tien ou le remplacement du *syndic ou*
« *liquidateur* »

X.— *Assemblée pour délibérer sur l'aliénation à forfait de droits et actions non recouvrées (Art. 570 C. C.).*

Le juge-commissaire assisté du greffier, en

présence du *syndic ou liquidateur et du failli
ou liquidé*, déclare la séance ouverte et dit aux
créanciers ;

« Messieurs, je vous ai fait convoquer,
« conformément à l'art. 570 du Code de Com-
« merce, pour vous consulter sur l'avantage
« ou l'intérêt qu'il peut y avoir de traiter à
« forfait de tout ou partie des droits et actions
« dont le recouvrement n'a pas été opéré et à
« les aliéner.

« Vous allez entendre le rapport du *syndic
« ou liquidateur*, et chacun de vous à l'appel
« de son nom, présentera ses observations et
« répondra par oui ou par non, s'il est d'avis
« que l'aliénation doit, ou ne doit pas avoir
« lieu. »

**Reddition
du compte
définitif.
Dissolution
d'union.**

XI. — *Assemblée pour la reddition du
compte définitif. — Dissolution d'union et
délibération sur l'excusabilité du failli
(art. 537 C. C.).*

Le juge-commissaire, assisté du greffier, en
présence du *syndic ou liquidateur et du failli
ou liquidé*, déclare la séance ouverte, et s'exprime en ces termes :

« Messieurs, je vous ai fait convoquer en
« conformité de l'art. 537 du Code de Com-
« merce, pour recevoir le compte définitif, que
« le *syndic ou liquidateur*, va vous rendre de
« sa gestion.

« M. le *Syndic ou liquidateur* vous avez la
« parole. »   .

Après la reddition de compte du *syndic ou
liquidateur*, le juge-commissaire ajoute :

« Veuillez, Messieurs, faire vos observa-
« tions s'il y a lieu. »

En matière de faillite, il ajoute :

« Je vous invite à donner votre avis, sur
« l'excusabilité ou la non-excusabilité du
« failli.
« Chacun de vous, à l'appel de son nom,
« voudra bien répondre par *oui* ou par *non*,
« s'il est d'avis que le failli est ou n'est pas
« excusable. »

L'appel étant terminé, le juge-commissaire, déclare l'union dissoute.

TABLE ALPHABÉTIQUE DES DIVERSES SÉANCES

www.ingramcontent.com/pod-product-compliance
Lightning Source LLC
Chambersburg PA
CBHW060447210326
41520CB00015B/3873